Impressum
Verlag: BABADADA GmbH, Nedderfeld 112 , 22529 Hamburg
Geschäftsführer / Verlagsleitung: Harald Hof
Druck: Books on Demand GmbH, In de Tarpen 42, 22848 Norderstedt

Imprint
Publisher: BABADADA GmbH, Nedderfeld 112 , 22529 Hamburg, Germany
Managing Director / Publishing direction: Harald Hof
Print: Books on Demand GmbH, In de Tarpen 42, 22848 Norderstedt, Germany

学校

اسکول

教室
کمرہ جماعت
除
تقسیم کریں
186/2
黑板
بورڈ
سکول کا صحن
老师
اُستاد
纸
کاغذ
书写
لکھنا
钢笔
قلم
办公桌
میز
直尺
پیمانہ
书
کتاب
学生
شاگرد

书包

بستہ

铅笔盒

پینسل کیس

铅笔

پینسل

卷笔刀

پینسل شارپنر

橡皮擦

ربڑ

画板

ڈرائنگ پیڈ

2

图画

ڈرائنگ

画笔

پینٹ برش

颜料盒

پینٹ باکس

剪刀

قینچی

胶水

گوند

练习册

مشق کی کاپی

家庭作业

ہوم ورک

12

数字

ہندسہ

2+2

加

جمع کریں

5-2

减

منفی کریں

2×2

乘

ضرب دیں

计算

شمارکریں

A

字母

خط

ABCDEFG HIJKLMN OPQRSTU VWXYZ

字母表

حروف تہجی

hello

字

لفظ

课文
متن

读
پڑھنا

粉笔
چاک

上课
سبق

登记
اندراج

考试
امتحان

证书
سند

校服
سکول یونیفارم

教育
تعلیم

百科全书
انسائیکلوپیڈیا

大学
یونیورسٹی

显微镜
خورد بین

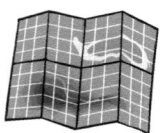

地图
نقشہ

废纸篓
ویسٹ پیپرباسکٹ

酒店
青年旅社
外币兑换处
رقم تبدیل کرانے کیلئے دفتر
手提箱
سوٹ کیس
汽车
کار

语言

زبان

是/否

ہاں / نہیں

好的

ٹھیک ہے

您好

ہیلو

翻译员

مُترجم

谢谢

شُکریہ

……多少钱？

۔۔۔ کی کیا قیمت ہے؟

我不明白

میں نہیں سمجھتا

问题

مشکل

晚上好！

شام بخیر!

早上好！

صبح بخیر!

晚安！

شب بخیر!

再见

الوداع

方向

سمت

行李

سفری سامان

包

بیگ

双肩包

بیگ پیک

客人

مہمان

房间

کمرہ

睡袋

سلیپنگ بیگ

帐篷

ٹینٹ

旅游信息

سیاحوں کے لئے معلومات

海滩

ساحل

信用卡

کریڈٹ کارڈ

早餐

ناشتہ

午餐

لنچ

晚餐

ڈنر

票

ٹکٹ

电梯

لفٹ

邮票

مُہر

边界

سرحد

海关

کسٹمز

大使馆

سفارت خانہ

签证

ویزا

护照

پاسپورٹ

交通运输

نقل وحمل

船
سمندری جہاز
飞机
ہوائی جہاز
消防车
آگ بُجھانے والی گاڑی
卡车
ٹرک
بس
汽艇
موٹربوٹ
自行车
سائیکل
汽车
کار

摆渡船

فیری

小船

کشتی

摩托车

موٹرسائیکل

警车

پولیس کار

赛车

ریسنگ کار

租车

کرایہ پرکار

拼车

کار کا اشتراک کرنا

拖车

کھینچنے والا ٹرک

垃圾车

کوڑے والا ٹرک

发动机

کار

汽油

ایندھن

加油站

پٹرول اسٹیشن

交通标志

ٹریفک کے نشانات

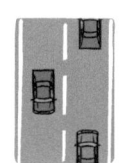

交通

ٹریفک

交通堵塞

ٹریفک جام

停车场

کار پارک

火车站

ٹرین اسٹیشن

轨道

پٹڑیاں

火车

ٹرین

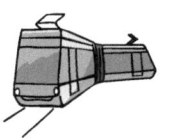

电车

ٹرام

货车

ویگن

直升机

ہیلی کاپٹر

机场

ائرپورٹ

塔

ٹاور

乘客

مسافر

集装箱

کنٹینر

纸板箱

ڈبہ

手推车

ریڑھا

篮子

ٹوکری

起飞/降落

اُڑان بھرنا / زمین پراُترنا

城市

شہر

村庄

گاؤں

市中心

سٹی سنٹر

房子

مکان

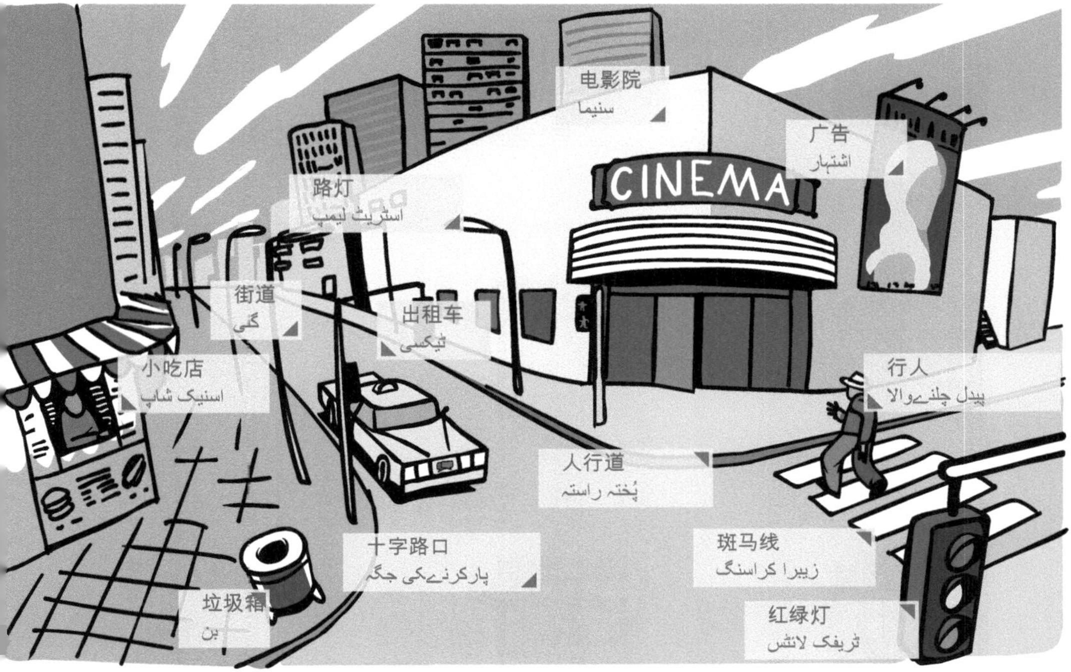

电影院
سنیما
广告
اشتہار
路灯
اسٹریٹ لیمپ
街道
گلی
出租车
ٹیکسی
小吃店
اسنیک شاپ
行人
پیدل چلنے والا
人行道
پُختہ راستہ
十字路口
پارکرنے کی جگہ
斑马线
زیبرا کراسنگ
垃圾箱
بن
红绿灯
ٹریفک لائٹس

小屋

ہٹ

公寓

فلیٹ

火车站

ٹرین اسٹیشن

市政厅

ٹاؤن ہال

博物馆

عجائب گھر

学校

اسکول

大学

یونیورسٹی

银行

بینک

医院

ہسپتال

酒店

ہوٹل

药房

فارمیسی

办公室

دفتر

书店

کتابوں کی دکان

商店

دکان

花店

پھولوں کی دُکان

超市

سُپرمارکیٹ

市场

مارکیٹ

百货商店

ڈیپارٹمنٹ سٹور

鱼店

مچھلی کی دُکان

购物中心

شاپنگ سنٹر

海港

بندرگاہ

公园

پارک

长凳

بنچ

桥

پُل

楼梯

سیڑھیاں

地铁

انڈرگراؤنڈ

隧道

سرُنگ

公交车站

بس اسٹاپ

酒吧

شراب خانہ

餐馆

ریسٹورنٹ

邮筒

پوسٹ باکس

路标

اسٹریٹ سائن

停车计时器

پارکنگ میٹر

动物园

چڑیا گھر

游泳馆

سوئمنگ پول

清真寺

مسجد

农场

کھیت

污染

آلودگی

墓地

قبرستان

教堂

چرچ

操场

کھیل کا میدان

寺庙

مندر

地形

منظر

树叶
پتہ

指示牌
رہنمائی کے لئے لگا ہوا بورڈ

路
راستہ

草地
سبزہ زار

石头
پتھر

树
درخت

徒步旅行者
پیدل چلنے والا، ہائیکر

河
دریا

草
گھاس

花
پھول

峡谷

وادی

山

پہاڑی

湖

جھیل

森林

جنگل

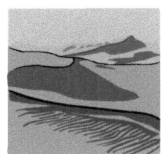

沙漠

صحرا

火山

آتش فشاں

城堡

قلعہ

彩虹

قوس قزح

蘑菇

کھمبی

棕榈树

کجھور کا درخت

蚊子

مچھر

苍蝇

مکھی

蚂蚁

چیونٹی

蜜蜂

مکھی

蜘蛛

مکڑا

甲虫

بھونرا

青蛙

مینڈک

松鼠

گلہری

刺猬

خارپُشت

野兔

خرگوش

猫头鹰

اُلو

鸟

پرندہ

天鹅

راج ہنس

野猪

سؤر

鹿

ہرن

麋鹿

امریکی بارہ سنگھا

水坝

ڈیم

风力发电机

ہوا سےچلنےوالی ٹربائین

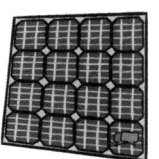

太阳能电池板

سولرپینل

气候

آب وہوا

餐馆
ریسٹورنٹ

服务员
ویٹر
菜单
مینیو
椅子
کُرسی
汤
سوپ
披萨饼
پیزا
کٹلری
桌布
ٹیبل کلاتھ

前菜

اسٹارٹر

主菜

مین کورس

甜点

ڈیزرٹ

饮料

مشروبات

食物

کھانےکی اشیاء

瓶子

بوتل

快餐

فاسٹ فوڈ

街边小吃

اسٹریٹ فوڈ

茶壶

چائےدانی

糖盒

شوگرباکس

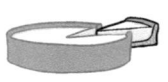

一份饭菜

حصہ

意式咖啡机

ایسپریسو مشین

高脚椅

اونچی کُرسی

账单

بل

托盘

ٹرے

刀

چھُری

餐叉

کانٹا

勺子

چمچ

茶匙

چائےکا چمچ

餐巾

سرویئیٹی

玻璃杯

شیشہ

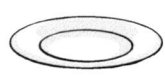

碟子

پلیٹ

汤盘

سوپ پلیٹ

碟子

طشتری

酱

چٹنی

盐瓶

سالٹ شیکر

胡椒磨

پیپرمل

醋

سرکہ

食用油

خوردنی تیل

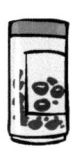

调味料

مصالحے

番茄酱

کیچپ

芥末

سرسوں

蛋黄酱

میئونیز

超市
سُپرمارکیٹ

特价
خصوصی پیشکش
FOR
顾客
گاہک
乳制品
ڈیری
水果
پھل
购物车
ٹرالی

肉铺
گوشت کی دُکان

面包房
بیکری

称重
وزن کرنا

蔬菜
سبزیاں

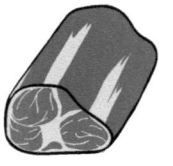

肉
گوشت

冷冻食品
جما ہوا کھانا

冷盘

کولڈ کٹس

罐头食品

ڈبےمیں بند کھانا

洗衣粉

واشنگ پاؤڈر

甜食

مٹھائیاں

日用品

گھریلو مصنوعات

清洁用品

صاف کرنےکیلئےمصنوعات

销售员

سیلزپرسن

收银机

کیش رجسٹر

收银员

کیشئیر

购物清单

خریداری کی فہرست

开放时间

اوقات کار

钱包

بٹوہ

信用卡

کریڈٹ کارڈ

袋子

تھیلا

塑料袋

پلاسٹک کےتھیلے

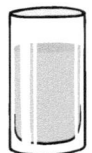

饮料
مشروبات

水

پانی

果汁

جوس، رس

牛奶

دودھ

可乐

کوک

红酒

وائن

啤酒

بیئر

酒

الکوحل

可可

کوکوآ

茶

چائے

咖啡

کافی

意式浓缩咖啡

ایسپریسو

卡布奇诺

کیپاچینو

食物

کھانےکی اشیاء

香蕉

کیلا

苹果

سیب

橙子

مالٹا

西瓜

خربوزه

柠檬

لیموں

胡萝卜

گاجر

大蒜

لہسن

竹子

بانس

洋葱

پیاز

蘑菇

کھُمبی

坚果

اخروٹ، بادام وغیره

面条

نوڈلز

意大利面条

اسپیگیٹی

米饭

چاول

沙拉

سلاد

薯条

چپس

炸土豆

تلےگئےآلو

披萨饼

پیزا

汉堡包

ہیم برگر

三明治

سینڈوچ

炸猪排

کٹلیٹ

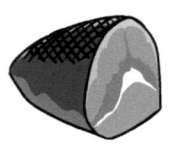

火腿

سؤرکی ران کا گوشت

萨拉米

گوشت کی اطالوی ساسیج

香肠

ساسیج

鸡肉

مُرغی

烤肉

روسٹ

鱼

مچھلی

燕麦片

جئی کا دلیہ

穆兹利

میوزلی

玉米片

کارن فلیکس

面粉

آٹا

羊角面包

کروئیسنٹ

面包卷

بریڈ رول

面包

بریڈ

烤面包

ٹوسٹ

饼干

بسکٹ

黄油

مکھن

凝乳

دہی

蛋糕

کیک

蛋

انڈا

煎蛋

فرائی کیا گیا انڈہ

奶酪

پنیر

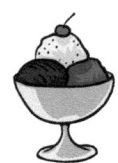

冰激凌

آئس کریم

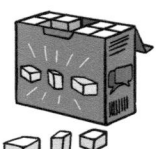

糖

چینی

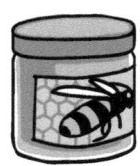

蜂蜜

شہد

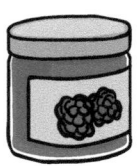

果酱

جام

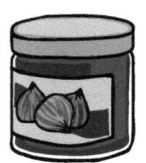

巧克力酱

ناؤگٹ کریم

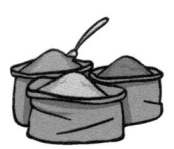

咖喱饭

سالن

农舍
فارم ہاؤس

粮仓
کھلیان

稻草捆
تنکوں کی گانٹھ

田野
کھیت

马
گھوڑا

拖车
ٹریلر

拖拉机
ٹریکٹر

马驹
گھوڑے کا بچہ

驴
گدھا

羔羊
میمنہ

羊
بھیڑ

山羊

بکری

奶牛

گائے

牛犊

بچھڑا

猪

سؤر

小猪

سؤر کا بچہ

公牛

سانڈ

鹅

راج ہنس

鸭

بطخ

小鸡

چوزہ

母鸡

مُرغی

公鸡

مُرغا

鼠

چوہا

猫

بلی

老鼠

چوہا

牛

بیلچہ

狗

کُتا

狗屋

کُتے کا گھر

花园浇水软管

گارڈن ہاؤس

洒水壶

پانی کا کین

长柄大镰刀

درانتی

犁

ہل

镰刀

درانتی

锄头

بیلچہ

长柄草耙

ترنگل

斧头

کلہاڑا

独轮手推车

ہتہ گاڑی

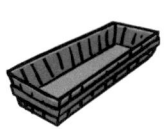

饲料槽

حوض

牛奶罐

دودھ کا کین

麻布袋

تھیلا

栅栏

باڑ

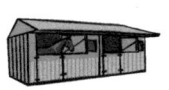

马厩

اصطبل

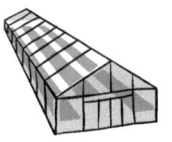

温室

گرین ہاؤس

土壤

مٹی

种子

بیج

肥料

فرٹیلائیزر

联合收割机

کمبائن ہارویسٹر

收割

فصل کاٹنا

收割

فصل کاٹنا

山药

افریقی آلو

小麦

گندم

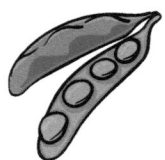

大豆

سویا

土豆

آلو

玉米

مکئی

油菜籽

توریا کا تیل

果树

پھلداردرخت

树薯

کساوا

谷物

دلیہ

房子

مکان

烟囱
چمنی
屋顶
چھت
落水管
نیچے جانے والا پائپ
窗户
کھڑکی
车库
گیراج
门铃
دروازے کی گھنٹی
门
دروازہ
垃圾桶
کوڑے کی ٹوکری
信箱
لیٹرباکس
花园
گارڈن

客厅

لوونگ روم

浴室

غُسل خانہ

厨房

باورچی خانہ

卧室

بیڈروم

儿童房

بچوں کا کمرہ

餐厅

کھانے کا کمرہ

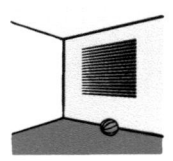

地板

فرش

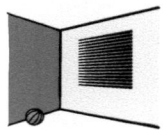

墙壁

دیوار

吊顶

چھت

地窖

تہ خانہ

桑拿

سوانا

阳台

بالکونی

露台

ٹیریس

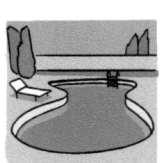

游泳池

پول

割草机

گھاس کاٹنےکی مشین

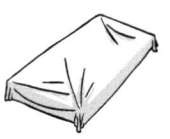

被单

چادر

床罩

چادر

床

بستر

扫帚

جھاڑو

水桶

بالٹی

开关

سوئچ

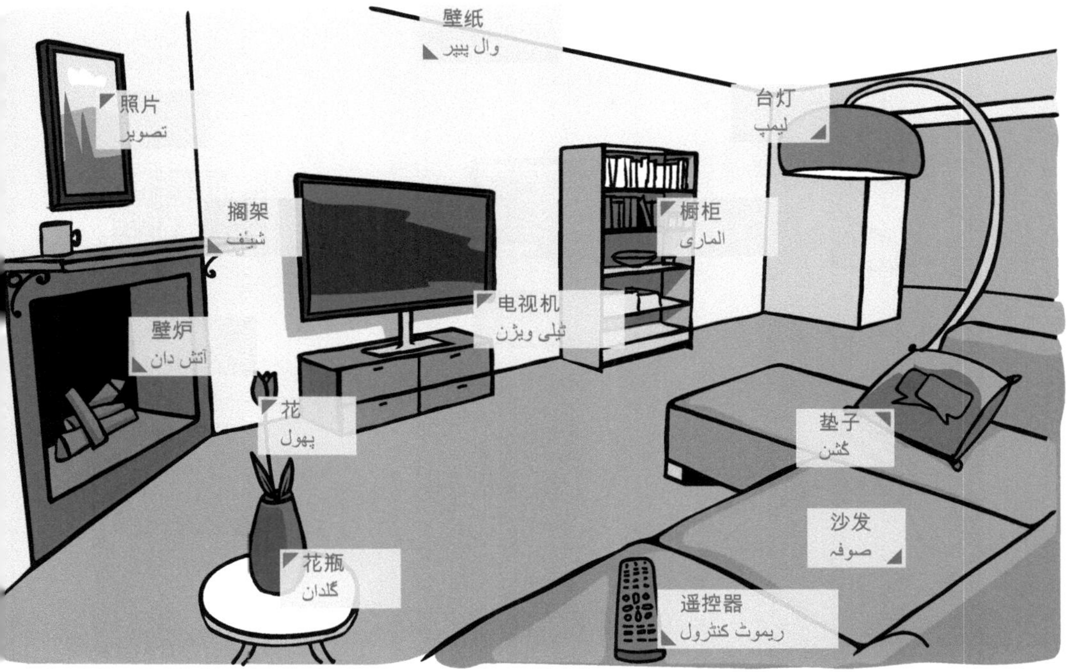

壁纸
وال پیپر
照片
تصویر
台灯
لیمپ
搁架
شیلف
橱柜
الماری
电视机
ٹیلی ویژن
壁炉
آتش دان
花
پھول
垫子
کُشن
沙发
صوفہ
花瓶
گلدان
遥控器
ریموٹ کنٹرول

地毯

قالین

窗帘

پردے

餐桌

میز

椅子

کُرسی

摇椅

ہلنےوالی کُرسی

扶手椅

آرام کُرسی

书

كتاب

毯子

كمبل

装饰品

آرائش

木柴

جلانے کی لکڑی

电影

فلم

高保真音响

ہائی فائی

钥匙

چابی

报纸

اخبار

油画

پینٹنگ

海报

پوسٹر

收音机

ریڈیو

笔记本

نوٹ بُک

吸尘器

ویکیوم کلینر

仙人掌

کیکٹس

蜡烛

موم بتی

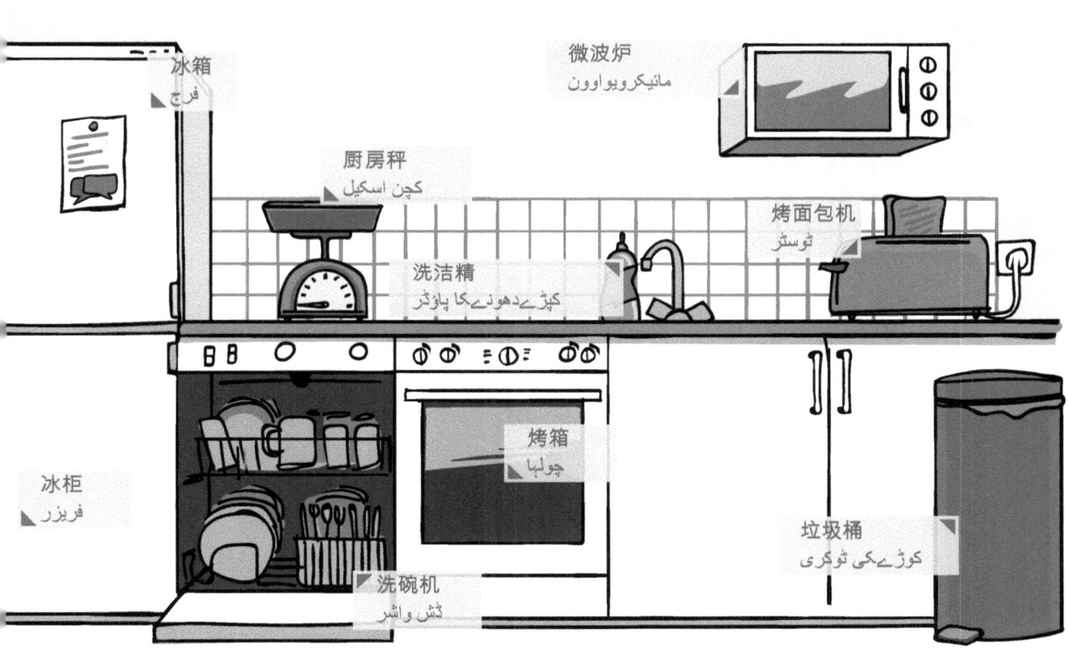

冰箱
فرج
微波炉
مائیکرویواوون
厨房秤
کچن اسکیل
烤面包机
ٹوسٹر
洗洁精
کپڑے دھونے کا پاؤڈر
烤箱
چولہا
冰柜
فریزر
垃圾桶
کوڑے کی ٹوکری
洗碗机
ڈش واشر

炊具

ککر

锅

برتن

铸铁锅

لوہے کا برتن

炒锅

کڑاہی

平底锅

برتن

水壶

کیتلی

蒸锅

استیمر

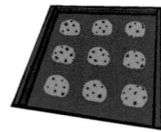

烤盘

بیکنگ ٹرے

陶瓷锅

کراکری

马克杯

مگ

碗

پیالہ

筷子

چاپ اسٹکس

长柄勺

ڈوئی

铲子

کفچہ

搅拌器

جھاڑودینا

滤网

مقطر

筛子

چھلنی

磨碎机

گریٹر

研钵

کونڈی

烧烤

باربی کیو

明火

کھُلی آگ

36 厨房 - باورچی خانہ

菜板

چاپنگ بورڈ

擀面杖

بیلن

开瓶器

کارک اسکریو

罐子

کین

开罐器

کین اوپنر

隔热手套

برتن پکڑنےوالا کپڑا

水槽

سنک

刷子

برش

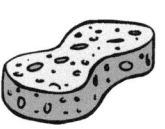

海绵

اسپونج

搅拌机

بلینڈر

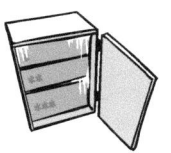

冷藏箱

ڈیپ فریز

奶瓶

بچےکی بوتل

水龙头

ٹونٹی

浴室

غُسل خانہ

供暖设备
شاور
毛巾
تولیہ
浴帘
شاورکرٹن
泡沫浴
ببل باتھ
浴缸
باتھ ٹب
玻璃杯
شیشہ
洗衣机
واشنگ مشین
水龙头
ٹونٹی
瓷砖
ٹائلیں
便壶
پاٹی
水槽
سنک

厕所

ٹائلٹ

蹲便器

دوزانوں بیٹھنےوالی ٹائلٹ

坐浴器

نچلاحصہ دھونےکیلئےپاٹ

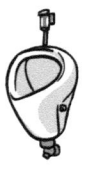

小便池

پیشاب گاہ

厕纸

ٹائلٹ پیپر

马桶刷

ٹائلٹ برش

牙刷

ٹوتھ برش

牙膏

ٹوتھ پیسٹ

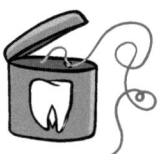

牙线

ڈینٹل فلاس

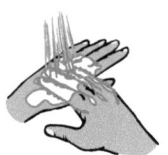

洗

دھونا

手持式喷淋头

ہینڈ شاور

冲洗器

شاور

洗脸盆

بیسن

擦背刷

بیک برش

肥皂

صابن

沐浴露

شاورجل

洗发水

شیمپو

法兰绒

فلالین

排水

ڈرین

乳霜

کریم

除臭剂

ڈیوڈورنٹ

镜子

آئینہ

手镜

ہاتھ میں پکڑا جانےوالا آئینہ

剃须刀

ریزر

剃须泡沫

شیونگ فوم

须后水

آفٹر شیو

梳子

کنگھی

刷子

برش

吹风机

ہیئرڈرائر

喷发定型剂

ہیئراسپرے

化妆品

میک اپ

唇膏

لپ اسٹک

指甲油

نیل وارنش

化妆棉

روئی

指甲剪

ناخن کاٹنےکی قینچی

香水

پرفیوم

洗漱包

واش بیگ

凳子

پاخانہ

计重秤

وزن کرنےکی مشین

浴袍

باتھ روب

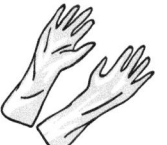

橡胶手套

ربڑکے دستانے

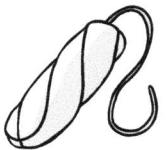

卫生棉条

ٹیمپون

卫生巾

سینیٹری ٹاول

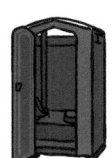

化学厕所

کیمیکل ٹائلٹ

儿童房

بچوں کا کمرہ

闹钟
الارم کلاک
毛绒玩具
کڈلی ٹوائے
玩具车
کھلونا کار
拨浪鼓
جُھنجھنا
玩具屋
گڑیا گھر
礼物
موجود

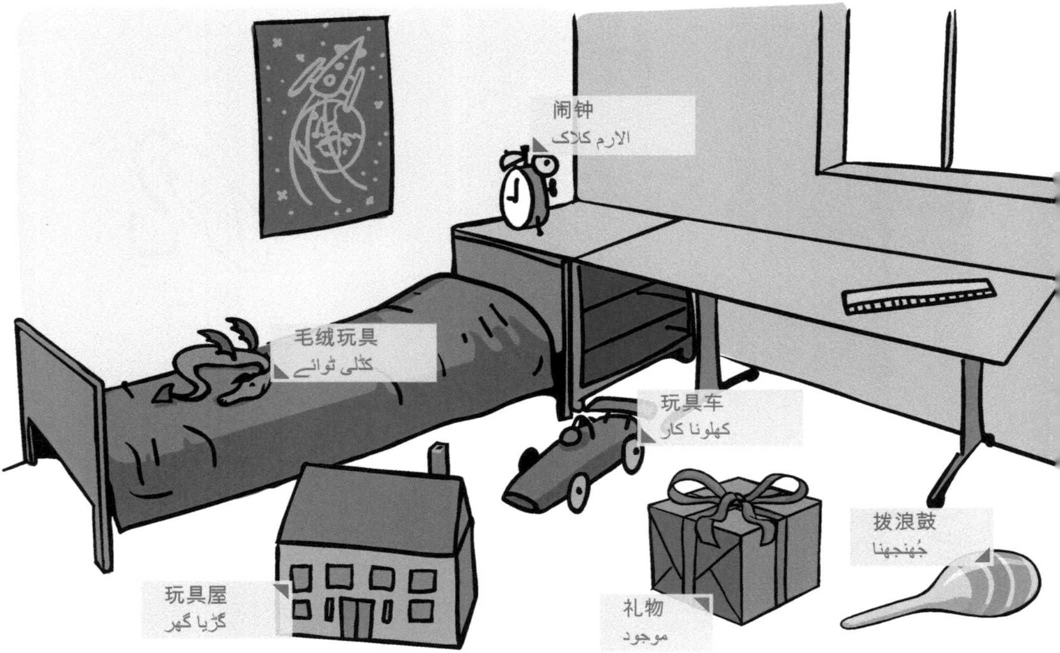

气球

غبارہ

床

بستر

（洋娃娃用）婴儿车

پرام

扑克牌

ڈیک آف کارڈز

拼图

جگسا

漫画

کامک

乐高积木

لیگوبرکس

积木玩具

کھلونا بلاکس

玩具人

ایکشن فگر

婴儿服

بچےکا لباس

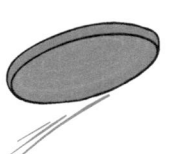

飞盘

فرسبی

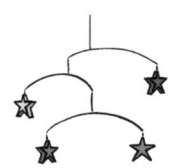

床铃玩具

کھلونا موبائل

棋盘游戏

بورڈ گیم

骰子

ڈائس

火车模型

ماڈل ٹرین سیٹ

安抚奶嘴

ڈمی

聚会

پارٹی

绘本

تصاویروالی کتاب

球

گیند

洋娃娃

گڑیا

玩

کھیلنا

沙坑

سینڈ پٹ

秋千

جھولا جھولنا

玩具

کھلونے

游戏机

وڈیوگیم کنسول

三轮车

تین پہیوں والی سائیکل

泰迪熊

ٹیڈی بیئر

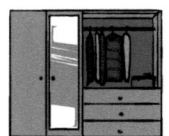

衣柜

کپڑوں کی الماری

衣服

لباس

袜子

موزے

长袜

اسٹاکنگز

紧身裤

ٹائٹس

围巾
اسکارف

雨伞
چھتری

T恤
ٹی شرٹ

皮带
بیلٹ

靴子
بوٹ

拖鞋
سلیپر

运动鞋
اسنیکرز

凉鞋
سینڈل

鞋
جوتے

雨靴
ربڑکےبوٹس

内裤
زیرجامہ

胸罩
بریزنیر

背心
واسکٹ

身体

جسم

裤子

پتلون

牛仔裤

جینز

短裙

اسکرٹ

女式衬衫

بلاؤز

衬衫

قمیض

套头衫

پُل اوور

卫衣

سویٹر

西装夹克

بلیزر

夹克

جیکٹ

外套

کوٹ

雨衣

رین کوٹ

套装

کوئی خاص لباس

连衣裙

لباس

婚纱

شادی کا لباس

西装

سوٹ

睡袍

نائٹ گاؤن

睡衣

پائجامہ

莎丽

ساڑھی

头巾

سرپرلیا جانےوالا اسکارف

包头巾

پگڑی

波卡

بُرقع

卡夫坦

کفتان

(阿拉伯式)长袍

عبایہ

泳衣

تیراکی کا سوٹ

男式泳裤

ٹرنک

短裤

نیکر

运动服

ٹریک سوٹ

围裙

ایرن

手套

دستانے

纽扣

بٹن

眼镜

عینک

手链

کنگن

项链

ہار

戒指

انگوٹھی

耳环

کانوں کی بالیاں

便帽

ٹوپی

衣架

کوٹ ہینگر

帽子

ہیٹ

领带

ٹائی

拉链

زپ

头盔

ہیلمٹ

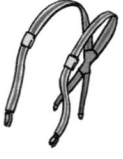

背带

بریسز

校服

سکول یونیفارم

制服

وردی

围兜
ﺑﺐ

安抚奶嘴
ڈمی

尿不湿
نیپی

办公室
دفتر

服务器
سرور
文件柜
فائلوں کی الماری
打印机
پرنٹر
纸
کاغذ
显示屏
مانیٹر
鼠标
ماؤس
میز
文件夹
فولڈر
键盘
کی بورڈ
ویسٹ پیپرباسکٹ
电脑
کمپیوٹر
椅子
کُرسی

咖啡杯
کافی مگ

计算器
کیلکولیٹر

因特网
انٹرنیٹ

笔记本电脑

لیپ ٹاپ

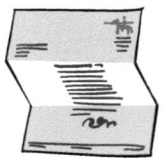

信件

خط

消息

پیغام

手机

موبائل

网络

نیٹ ورک

复印机

فوٹوکاپئیر

软件

سافٹ ویئر

电话

ٹیلی فون

插座

پلگ ساکٹ

传真机

فیکس مشین

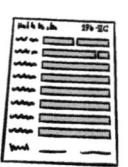

表格

فارم

文件

دستاویز

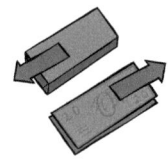

买

خریدنا

付钱

ادائیگی کرنا

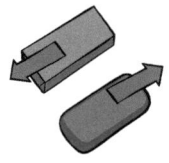

交易

تجارت کرنا

现金

رقم

美元

ڈالر

欧元

یورو

日元

ین

卢布

روبل

瑞士法郎

سوئس فرانک

人民币

رینمنیبی یوآن

卢比

روپیہ

提款处

کیش پوائنٹ

外币兑换处

رقم تبدیل کرانےکیلئے دفتر

金

سونا

银

چاندی

石油

خام تیل

能源

توانائی

价格

قیمت

合同

معاہدہ

税金

ٹیکس

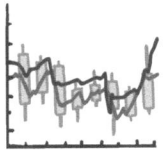

股票

اسٹاک

工作

کام کرنا

职员

ملازم

老板

آجر

工厂

فیکٹری

商店

دکان

职业
پیشے

警官
پولیس افسر
消防员
فائر مین
厨师
خانساماں، کُک
医生
ڈاکٹر
飞行员
پائلٹ

园丁
....
مالی

木匠
....
ترکھان

裁缝
....
درزن

法官
....
جج

化学家
....
کیمسٹ

演员
....
اداکار

公交车司机

بس ڈرائیور

出租车司机

ٹیکسی ڈرائیور

渔夫

مچھیرا

清洁女工

صفائی کرنےوالی عورت

屋顶工

چھت بنانےوالا

服务员

ویٹر

猎人

شکاری

画家

پینٹر

面包师

بیکر

电工

الیکٹریشین

建筑工人

بلڈر

工程师

انجینئیر

屠夫

قصائی

水管工

پلمبر

邮递员

ڈاکیا

士兵

سپاہی

建筑师

آرکیٹیکٹ

收银员

کیشئیر

花农

پھول بیچنےوالا

理发师

نائی

售票员

کنڈکٹر

机械师

مکینک

船长

کپتان

牙医

ڈینٹسٹ

科学家

سائنسدان

拉比

یہودی عالم

伊玛目

امام

和尚

راہب

牧师

پادری

工具
اوزار

铁锤
ہتھوڑا
钳子
پلائرز
螺丝刀
پیچ کس
扳手
رینچ
手电筒
ٹارچ

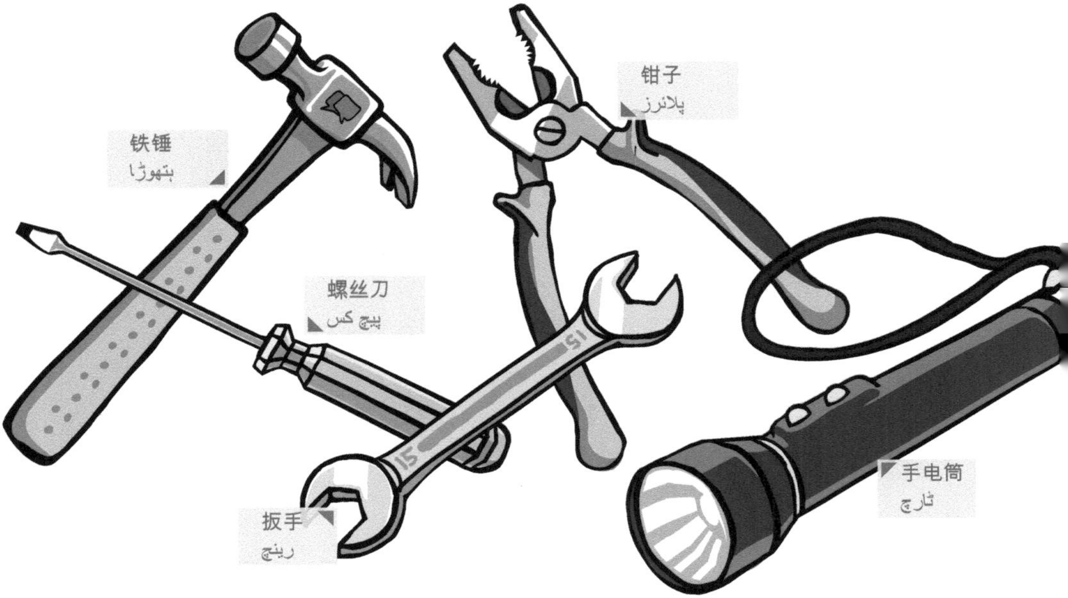

挖掘机

ایکسکویٹر

工具箱

ٹول باکس

梯子

سیڑھی

锯子

آری

钉子

کیل

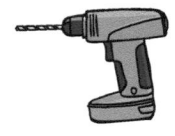

钻机

ڈرل

修
مرمت کرنا

铲子
بیلچہ

靠！
لعنت ہو!

簸箕
ڈسٹ پین

油漆桶
پینٹ پاٹ

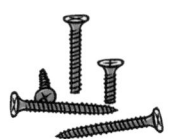

螺丝
پیچ

乐器
آلات موسیقی

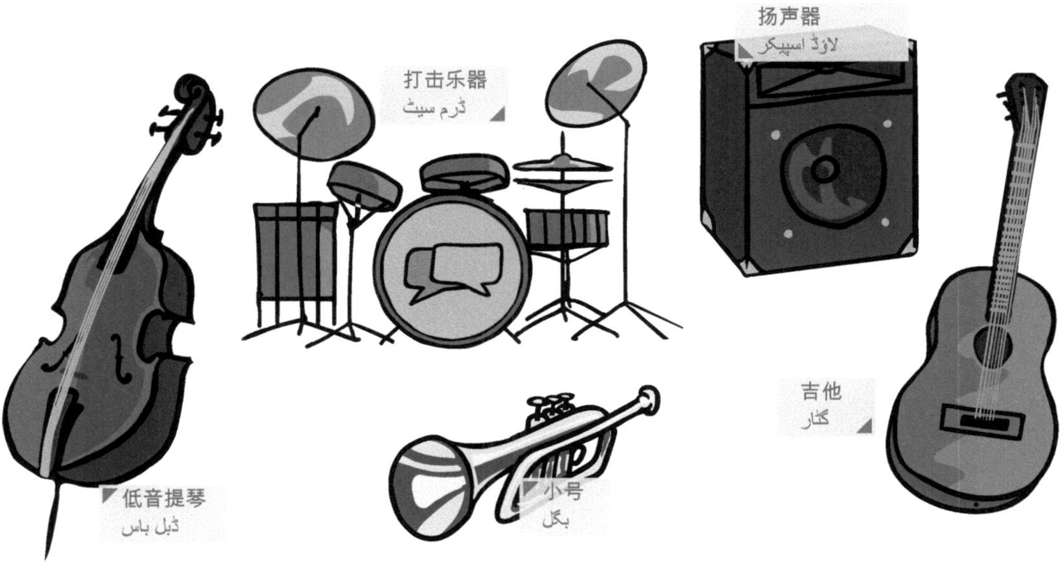

扬声器
لاؤڈ اسپیکر

打击乐器
ڈرم سیٹ

吉他
گٹار

▲ 低音提琴
ڈبل باس

小号
بگل

钢琴

پیانو

小提琴

وائلن

贝斯

موسیقی کی آواز

定音鼓

ٹمپانی

鼓

ڈھول، ڈرمز

电子琴

کی بورڈ

萨克斯管

سیکسوفون

长笛

بانسری

麦克风

مائیکروفون

动物园

چڑیا گھر

入口
داخلے کا راستہ
老虎
چیتا
笼子
پنجرہ
斑马
زیبرا
جانوروں کا چارہ
熊猫
پانڈا

动物

جانور

大象

ہاتھی

袋鼠

کینگرو

犀牛

گینڈا

大猩猩

گوریلا

熊

ریچھ

骆驼

اونٹ

鸵鸟

شُترمُرغ

狮子

شیر

猴子

بندر

火烈鸟

فلیمنگو

鹦鹉

طوطا

北极熊

قطبی ریچھ

企鹅

کبوتر

鲨鱼

شارک

孔雀

مور

蛇

سانپ

鳄鱼

مگرمچھ

动物园管理员

چڑیا گھر کا محافظ

海豹

سیل

美洲豹

امریکی تیندوا

矮种马

ٹٹو

豹

چیتا

河马

دریائی گھوڑا

长颈鹿

زرافہ

老鹰

عقاب

野猪

سؤر

鱼

مچھلی

龟

کچھوا

海象

سمندری گھوڑا

狐狸

لومڑی

羚羊

غزال ہرن

橄榄球
امریکن فٹ بال
骑自行车
سائیکلنگ
网球
ٹینس
篮球
باسکٹ بال
游泳
پیراکی
拳击
باکسنگ
冰球
آئس ہاکی

英式足球

فٹ بال

羽毛球

بیڈمنٹن

田径

اتھلیٹکس

手球

ہینڈ بال

滑雪

اسکیئنگ

马球

پولو

活动

سرگرمیاں

چھلانگ لگا
拥抱
گلے لگانا
笑
ہنسنا
走路
چلنا
唱
گانا
做梦
خواب دیکھنا
祈祷
دُعا کرنا
亲吻
چُومنا

书写

لکھنا

画

تصویرکشی کرنا

展示

دکھانا

推

آگےکی طرف دھکیلنا

给

دینا

拿

لینا

有

رکھنا

做

کرنا

当

ہونا

站

کھڑا ہونا

跑

دوڑنا

拉

کھینچنا

扔

پھینکنا

摔倒

گرنا

躺

جھوٹ بولنا

等待

انتظارکرنا

携带

اُٹھانا

坐

بیٹھنا

穿衣

ملبوس ہونا

睡觉

سونا

醒来

جاگنا

看

دیکھنا

哭

رونا

抚摸

چوٹ لگانا

梳头

کنگھی کرنا

交谈

بات کرنا

明白

سمجھنا

问

پوچھنا

听

مُتوجہ ہونا

喝

پینا

吃

کھانا

清理

صاف کرنا

爱

پیارکرنا

做饭

پکانا

开车

گاڑی چلانا

飞

اُڑنا

航行

بحری سفر کرنا

计算

شمار کریں

读

پڑھنا

学习

سیکھنا

工作

کام کرنا

结婚

شادی کرنا

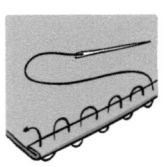

缝

سینا

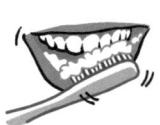

刷牙

دانت صاف کرنا

杀

جان سے مار دینا

抽烟

تمباکو نوشی کرنا

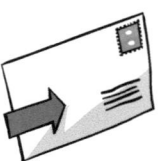

寄

بھیجنا

祖母
دادی

祖父
دادا

父亲
باپ

母亲
ماں

婴童
طفل

女儿
بیٹی

儿子
بیٹا

客人
مہمان

阿姨
چچی

叔叔
چچا

兄弟
بھائی

姐妹
بہن

身体

جسم

前额
ماتھا
眼睛
آنکھ
脸
چہرہ
下巴
ٹھوڑی
乳房
چھاتی
手指
انگلی
手
ہاتھ
手臂
بازو
肩膀
腿
ٹانگ

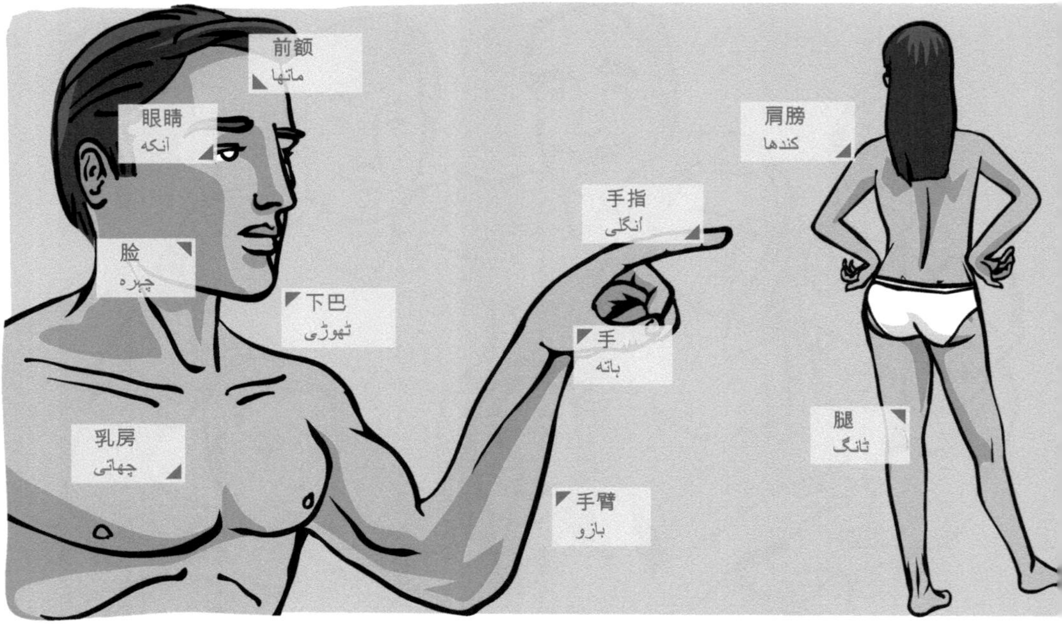

婴童

طفل

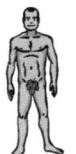

男人

آدمی

女人

عورت

女孩

لڑکی

男孩

لڑکا

头

سر

背部

کمر

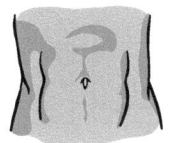

肚子

پیٹ

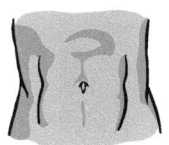

肚脐

ناف

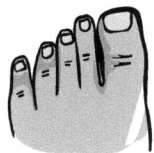

脚趾

پاؤں کا انگوٹھا

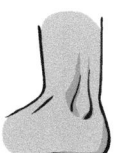

脚后跟

ایڑھی

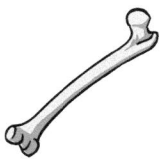

骨头

ہڈی

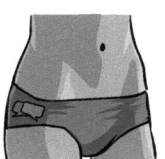

臀部

کولہا

膝盖

گھٹنا

手肘

کہنی

鼻子

ناک

屁股

نچلا حصہ

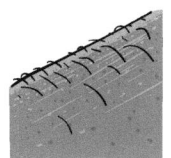

皮肤

جلد

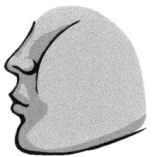

脸颊

گال

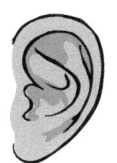

耳朵

کان

嘴唇

ہونٹ

嘴

مُنہ

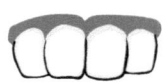

牙齿

دانت

舌头

زُبان

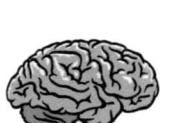

脑

دماغ

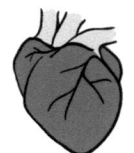

心脏

دل

肌肉

پٹھہ

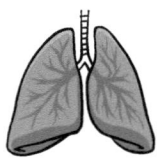

肺

پھیپھڑا

肝脏

جگر

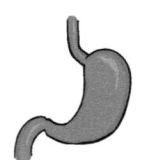

胃

معدہ

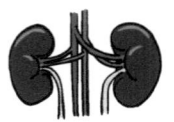

肾脏

گردے

性交

جنس

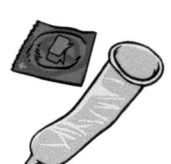

避孕套

کنڈوم

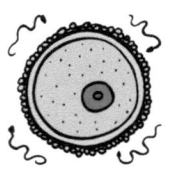

卵子

بیضہ

精子

مادہ منویہ

怀孕

حمل

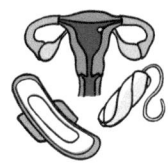

月经

حیض

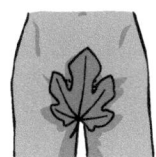

阴道

اندام نهانی

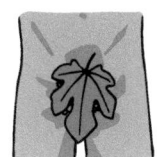

阴茎

عضوتناسل

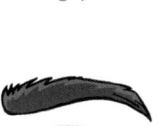

眉毛

بهنویں

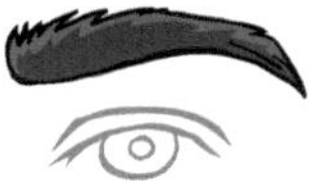

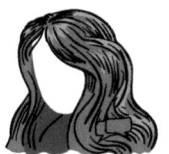

头发

بال

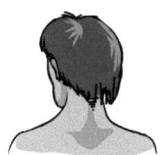

脖子

گردن

医院
ہسپتال

救护车
ایمبولینس
轮椅
وہیل چیئر
骨折
ہڈی ٹوٹنا

医院
ڈاکٹر

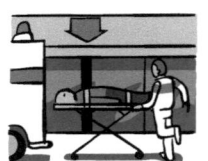

急诊室
ہنگامی کمرہ

护士
نرس

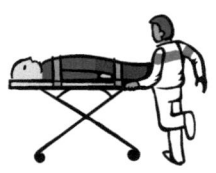

紧急情况
ہنگامی صورتحال

昏迷
بےہوش

痛
درد

受伤

زخم

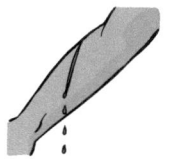

出血

خون بہنا

心脏病发作

دل کا دورہ

中风

فالج

过敏

الرجی

咳嗽

کھانسی

发烧

بخار

流感

زکام

腹泻

اسہال

头痛

سردرد

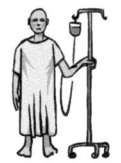

癌症

کینسر

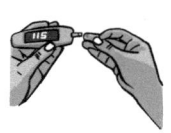

糖尿病

ذیابیطس

外科医生

سرجن

手术刀

نشتر

手术

آپریشن

CT

سی ٹی

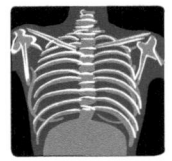

X光

ایکس رے

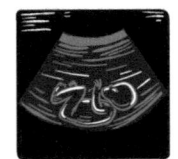

超声波

الٹراساؤنڈ

口罩

چہرے کا نقاب

疾病

بیماری

候诊室

انتظارگاہ

拐杖

بیساکھی

石膏

پلاسٹر

绷带

پٹی

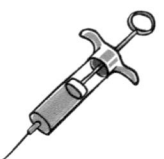

注射

انجکشن

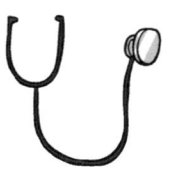

听诊器

اسٹیتھواسکوپ

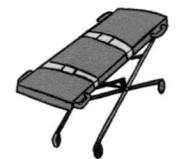

担架

اسٹریچر

体温计

مطبی تھرما میٹر

出生

پیدائش

超重

حد سےزیادہ وزن

助听器

آلہ سماعت

消毒液

جراثیم کش

感染

انفیکشن

病毒

وائرس

艾滋病

ایچ آئی وی/ ایڈز

药物

دوا

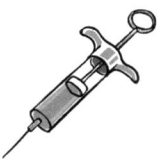

接种疫苗

ویکسی نیشن

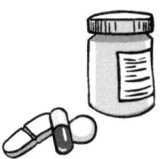

药片

گولیاں

药丸

گولی

急救电话

ہنگامی کال

血压计

بلڈ پریشرمانیٹر

生病/健康

بیمار/ صحتمند

医院 - ہسپتال　　　　75

紧急情况
ہنگامی صورتحال

救命！

مدد!

警报

الارم

突击

مُجرمانہ حملہ

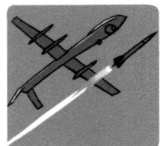

攻击

حملہ

危险

خطرہ

紧急出口

ہنگامی راستہ

着火啦！

آگ!

灭火器

آگ بُجھانےوالہ آلہ

意外

حادثہ

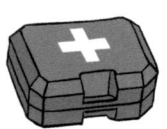

急救箱

ابتدائی طبی امداد کی کٹ

呼救信号

ایس او ایس

警察

پولیس

欧洲

یورپ

北美洲

شمالی امریکہ

南美洲

جنوبی امریکہ

非洲

افریقہ

亚洲

ایشیا

澳洲

آسٹریلیا

大西洋

بحراوقیانوس

太平洋

بحرالکاہل

印度洋

بحرہند

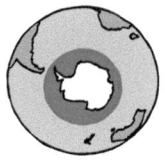

南冰洋

بحرقُطب جنوبی

北冰洋

بحرقُطب شمالی

北极

قُطب شمالی

南极

قُطب جنوبی

南极洲

انٹارکٹیکا

地球

زمین

陆地

زمین

海

سمندر

岛

جزیرہ

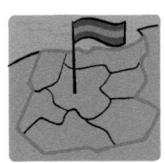

国家

قوم

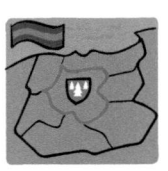

国家

ریاست

地球 - زمین

钟表

کلاک

钟面

کلاک کا سامنےکا حصہ

时针

گھنٹوں والی سوئی

分针

منٹوں والی سوئی

秒针

سیکنڈ ہینڈ

现在几点？

کیا وقت ہوا ہے؟

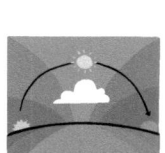

天

دن

时间

وقت

现在

اب

电子表

ڈیجیٹل گھڑی

分

منٹ

时

گھنٹہ

周

هفتہ

سوموار
周二
منگلوار
周三
بدھوار
周四
جمعرات
周五
جمعہ
周六
周日
اتوار

昨天

گزرا کل

今天

آج

明天

کل

早晨

صبح

中午

دوپہر

晚上

شام

工作日

کاروباری دن

周末

ہفتے کا اختتام

年
سال

雨
بارش
彩虹
قوس قزح
风
ہوا
雪
برف
春
بہار
秋
خزاں
夏
موسم گرما
冬
موسم سرما

天气预报
موسمی پیش گوئی

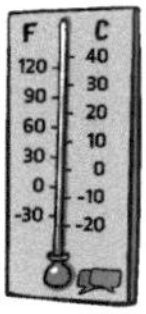

温度计
تھرما میٹر

阳光
دھوپ

云
بادل

雾
دُھند

潮湿
حبس

闪电

بجلی کوندھنا

打雷

بادلوں کی گرج

风暴

طوفان

冰雹

ژالہ باری

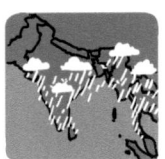

季风

مون سون

洪水

سیلاب

冰

برف

一月

جنوری

二月

فروری

三月

مارچ

四月

اپریل

五月

مئی

六月

جون

七月

جولائی

八月

اگست

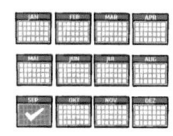

九月

ستمبر

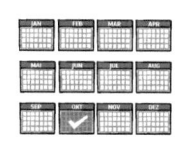

十月

اکتوبر

十一月

نومبر

十二月

دسمبر

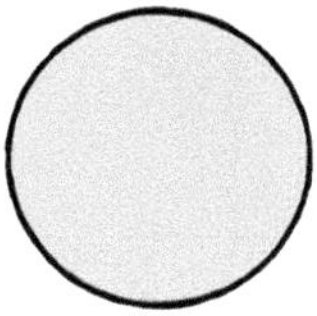

形状

اشكال

圆形

دائره

正方形

چوکور

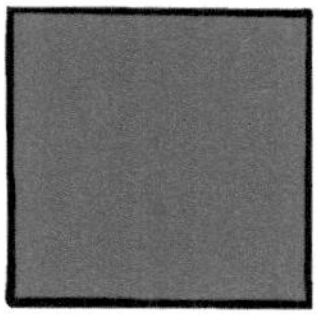

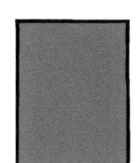

长方形

مُستطیل

三角形

تکون

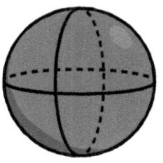

球体

گره

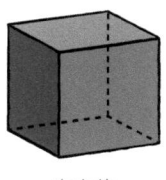

立方体

مکعب

颜色
رنگ

白

سفید

黄

پیلا

橙

نارنجی

粉

گلابی

红

سُرخ

紫

جامنی

蓝

نیلا

绿

سبز

棕

بھورا

灰

مٹیالا

黑

سیاہ

反义词
مخالف

很多/少许

بہت زیادہ / بہت کم

生气/平静

ناراض / پُرسکون

美/丑

خوبصورت / بدصورت

首/尾

آغاز / اختتام

大/小

بڑا / چھوٹا

明/暗

روشن / اندھیرا

兄弟/姐妹

بھائی / بہن

干净/肮脏

صاف / گندا

完整/缺失

مکمل / نامکمل

白天/晚上

دن / رات

死/生

زندہ / مُردہ

宽/窄

چوڑا / تنگ

可食用/非食用

کھانے کے قابل ہونا / کھانے کے قابل نہ ہونا

邪恶/善良

بُرا / اچھا

兴奋/无聊

پُرجوش / بوریت کا شکار

胖/瘦

موٹا / دُبلا

第一/最后

پہلا / آخری

朋友/敌人

دوست / دُشمن

满/空

بھرا ہوا / خالی

硬/软

سخت / نرم

重/轻

بوجھل / ہلکا

饿/渴

بھوک / پیاس

生病/健康

بیمار / صحتمند

非法/合法

غیرقانونی / قانونی

聪明/愚笨

عقلمند / بیوقوف

左/右

بائیں / دائیں

近/远

نزدیک / دور

新/旧

نیا / پُرانا

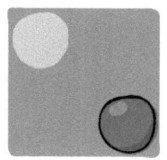

没有/有些

کچھ نہیں / کچھ ہے

老/幼

بوڑھا / نوجوان

开/关

آن / آف

打开/合上

کُھلا / بند

安静/吵闹

خاموش / بُلند آواز

富/穷

امیر / غریب

对/错

ٹھیک / غلط

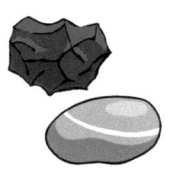

粗糙/光滑

کھُردرا / ہموار

伤心/高兴

افسردہ / خوش

短/长

مُختصر / طویل

慢/快

آہستہ / تیز

湿/干

گیلا / خُشک

温暖/凉爽

گرم / ٹھنڈا

战争/和平

جنگ / امن

数字

اعداد

0	零	صفر
1	一	ایک
2	二	دو
3	三	تین
4	四	چار
5	五	پانچ
6	六	چھ
7	七	سات
8	八	آٹھ
9	九	نو
10	十	دس
11	十一	گیارہ

12
十二
باره

13
十三
تیره

14
十四
چوده

15
十五
پندره

16
十六
سوله

17
十七
ستره

18
十八
اٹھاره

19
十九
اُنیس

20
二十
بیس

100
百
سو

1.000
千
ہزار

1.000.000
百万
دس لاکھ

语言
زبانیں

英语

انگریزی

美式英语

امریکی انگریزی

普通话

چینی مینڈارین

印地语

ہندی

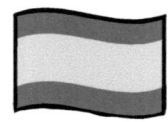

西班牙语

ہسپانوی

法语

فرانسیسی

阿拉伯语

عربی

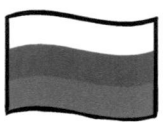

俄语

روسی

葡萄牙语

پُرتگالی

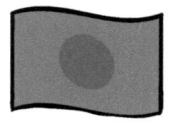

孟加拉语

بنگالی

德语

جرمن

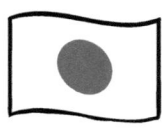

日语

جاپانی

谁/什么/怎样

کون / کیا / کیسے

我

میں

你

تم

他/她/它

وہ (لڑکا) / وہ (لڑکی) / یہ

我们

ہم

你们

تم

他们

وہ

谁？

کون؟

什么？

کیا؟

怎样？

کیسے؟

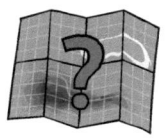

哪里？

کہاں؟

什么时候？

کب؟

名字

نام

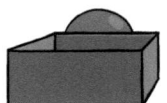

方位

کہاں

后面

پیچھے

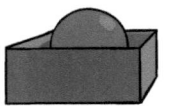

里面

میں

前面

کےسامنے

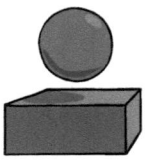

上方

اوپر

上面

پر

下面

نیچے

旁边

ساتھ

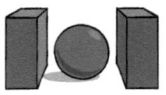

中间

درمیان

地点

جگہ